ぜんぶ作って、ぜんぶ食べたい101のレシピ！
無限レシピ。
大友育美

introduction

食べ始めたら、無限に食べ続けてしまう「無限レシピ」。
野菜のおいしさを存分に楽しめる
「野菜が主役」のおかずです。

「無限レシピ」は、ごはんにのせてもおいしく、
作りおきしたり、お弁当に入れたりできる、
ビールやお酒とも合う便利なおかずです。
もう一品欲しい時にもおすすめです。

スーパーでいつでも買える野菜と食材で
ぱぱっと作れ、忙しい方にもピッタリです。

いつもとちょっと違うおいしさで、
野菜不足もかんたんに解消できます。
野菜嫌いのお子さんも
パクパク食べてくれるかもしれません。

気になるレシピをぜひ試してみてください。

きっと、もっと野菜が好きになりますよ。

contents

- 2 introduction
- 6 本書の使い方

Part 1
定番パクパク系

- 8 無限ピーマン
- 9 青のりポテサラ
- 10 にんじんしりしり風
- 12 ハチミツきんぴら
- 13 豚バラ小松菜
- 14 アスパラガスのバター炒め
- 15 なすのオランダ煮
- 16 おかかバターほうれん草
- 17 れんこん黒酢あん
- 18 いんげんとさつま揚げの酢みそ和え
- 19 ねぎダレブロッコリー
- 20 ゴーヤの塩昆布和え
- 21 卵たっぷりタルタル
- 22 パリッとごぼう

Part 2
ぶっかけ系

- 24 ハッシュドえのき
- 25 鮭三つ葉
- 26 麻婆しめじ
- 27 ネバネバなめこめかぶ
- 28 鶏バジルパプリカ
- 29 だし風オクラ
- 30 かぶの油淋ソース
- 31 玉ねぎマヨカレー
- 32 しめじコンビーフ
- 34 にらしょうがナムル
- 35 かぼちゃのココナツカレー
- 36 ルーローハン風たけのこ
- 37 バンバンきゅうり
- 38 れんこんアラビアータ

Part 3
おつまみ系

- 40 甘辛ピーマン
- 41 タコ白菜
- 42 みそラー油スナップエンドウ
- 43 ゆずこしょうえのき
- 44 塩辛パクチー
- 45 コチュマヨごぼう
- 46 韓国風焼き大根
- 47 豆苗ごまチーズ
- 48 えびトマト
- 50 マスタードレタス
- 51 スモークサーモンかぶマリネ
- 52 クリームチーズカリフラワー
- 53 にら薬味みそ
- 54 たらこ南蛮
- 55 しいたけアヒージョ
- 56 クレソンわさび和え
- 58 ごまみそバターたけのこ
- 59 韓国風三つ葉
- 60 ひじきとうずらのアーリオオーリオ
- 61 長いものおかかバター焼き
- 62 ししとうとカリカリ油揚げ

4

Part 4
金欠系

うまい、安い、見た目もいい

- 64 塩バターピーマン
- 65 めんつゆもやし
- 66 わかめナムル
- 67 水菜ぽりぽりたくわん
- 68 きゅうりの梅炒め
- 70 みそケチャいんげん
- 71 アルファルファのごま和え
- 72 ししとうの焼きびたし
- 73 ごまウスターアルファルファ
- 74 シャキシャキ水菜炒め
- 76 わかめの梅和え
- 77 甘辛大豆
- 78 担々チンゲン菜

Part 5
ヘルシー系

もう一品欲しい時に

- 80 じゃがいものシャキシャキ梅サラダ
- 81 ヤンニョムほうれん草
- 82 レモンなますセロリ
- 83 アスパラガスのおひたし
- 84 なめこと豆腐のレンジ蒸し
- 86 じゃこさんしょうキャベツ
- 87 がりトマト
- 88 焼きオクラカレー風味
- 89 春菊の梅白和え
- 90 ブロッコリー納豆ポン酢
- 91 大根のレンジピクルス
- 92 スナップエンドウとふわふわはんぺん
- 93 コーンナムル
- 94 あさりひじき
- 95 にんじんのマーマレードラペ
- 96 長いもの塩わさびたたき
- 97 オイル蒸し小松菜
- 98 ズッキーニの昆布茶蒸し
- 99 さつまいもレモンヨーグルト和え
- 100 豆苗マヨポン酢
- 101 パプリカのしょうがマリネ
- 102 切り干し大根のはりはり漬け

Part 6
やみつき系

クセが強いのに止まらない

- 104 ハチミツそぼろパクチー
- 105 白菜の甘酢漬け
- 106 かぼちゃのレモンクリーム和え
- 107 クレソンうま辛サラダ
- 108 ゴーヤの甘酢炒め
- 109 ピリ辛もやし
- 110 キャベツのマヨナッツソース
- 111 中華風セロリ
- 112 なすのアジアンびたし
- 113 エスニック風切り干し大根
- 114 ガリバンしいたけ
- 116 チンゲン菜のガドガドソース
- 117 タイ風コーン
- 118 カリフラワーのヨーグルト和え
- 119 のり塩春菊
- 120 ゆで大豆のスパイスロースト
- 121 キムチ風ズッキーニ

- 122 epilogue
- 124 index
- 128 奥付

How to use
本書の使い方

青臭いピーマンが驚きのおいしさに
無限ピーマン

材料 作りやすい量
- ピーマン…5個
- ツナ缶…小1缶(70g)
- ごま油…大さじ1
- A 鶏がらスープの素…小さじ1
    塩・こしょう…各少々

作り方
1. ピーマンは縦半分に切り、5mm幅の横細切りにして耐熱容器に入れ、汁けをきったツナ、Aを加えてラップをかける。
2. 1を電子レンジで2分加熱して、混ぜ合わせる。

point
ごま油の代わりにツナ缶の油を使えば、もっとお手軽です。
加熱時間を1分増やして、くったりした食感にしてもおいしいです。

8 かんたん こども 日持ち

- レシピ名
- 食材indexを使うと便利！
  巻末の「index」を使えば、冷蔵庫で余った材料など、使いたい食材からレシピを逆引きできます。
- point
  調理のポイントや、レシピにまつわるちょっとしたメモが書かれています。

無限レシピを作る前に

・電子レンジは600Wを使用しています。
・日持ちは3～4日を考えています。作ったあとは、なるべく早く食べきってください。
・洗う、皮をむく、ヘタをとる、などの下ごしらえは省略しています。
・特に指示がない場合、火勢は中火です。
・揚げ油の170℃は乾いた菜箸の先を油の中に入れ、泡がゆっくりと立つぐらいが目安です。
・だしは水100mlに顆粒だしひとつまみで作れます。

レシピについているアイコンは以下の通り。作る時の参考にしてください。

- かんたん　手軽に作れます
- こども　　お子様にも人気の料理です
- 日持ち　　作りおきに適しています
- 温め　　　冷めたら電子レンジでチンしてから食べてください

みんなが好きないつものおかず

Part 1
定番パクパク系

" 冷蔵庫で余ったピーマンだって
立派なおかず。これさえ覚えておけば、
毎日の食事がもっと楽しくなる、
定番レシピをご紹介。おいしすぎても、
食べすぎにはくれぐれもご注意を。"

 青臭いピーマンが驚きのおいしさに
無限ピーマン

| 材料 | 作りやすい量

ピーマン…5個
ツナ缶…小1缶(70g)
A ┃ごま油…大さじ1
　┃鶏がらスープの素…小さじ1
　┃塩・こしょう…各少々

| 作り方 |

1 ピーマンは縦半分に切り、5mm幅の横細切りにして耐熱容器に入れ、汁けをきったツナ、Aを加えてラップをかける。

2 1を電子レンジで2分加熱して、混ぜ合わせる。

 point

ごま油の代わりにツナ缶の油を使えば、もっとお手軽です。
加熱時間を1分増やして、くったっとした食感にしてもおいしいです。

かんたん　こども　日持ち

 香ばしさ追加で定番メニューが深い味わいに
青のりポテサラ

パクパク系

材料 作りやすい量

じゃがいも…2個(300g)
A
| 青のり…小さじ2
| マヨネーズ…大さじ3
| 牛乳…大さじ1
| 塩…ひとつまみ
| こしょう…少々

作り方

1. じゃがいもは皮をむいて4等分に切り、耐熱容器に入れ、水でぬらして軽くしぼったペーパータオルをかぶせ、さらにラップをかける。

2. 1を電子レンジで5分加熱し、フォークなどでつぶす。

3. ボウルに2、Aを入れて混ぜ合わせる。

 point

ぬらしたペーパータオルをかけることで、蒸したじゃがいものように仕上がります。

こども 日持ち

ツナに負けないボリューミーにんじん
にんじんしりしり風

|材料| 作りやすい量

にんじん…1本(200g)
卵…1個
塩…ひとつまみ
ツナ缶…小1缶(70g)
しょうゆ…小さじ1
オリーブオイル…小さじ2

|作り方|

1 にんじんはピーラーでリボン状に薄切りにする。ボウルに卵、塩を入れ、溶き混ぜる。

2 フライパンにオリーブオイルを熱し、ツナを缶汁ごと入れてさっと炒め、にんじんを加えて2分炒め、しょうゆをまわし入れる。

3 2に卵を入れてさっと炒め合わせる。

ピーラーを使うことで、
簡単に調理できます。

パクパク系

 奥深い甘さ、箸が止まらないおいしさ
ハチミツきんぴら

[材料] 作りやすい量

さつまいも…小1本(200g)
水…大さじ2
A │ ハチミツ…大さじ1
　│ しょうゆ…大さじ1/2
サラダ油…小さじ2

[作り方]

1. さつまいもは皮付きのまま、斜め薄切りにする。さらに5mm幅の細切りにして水洗いする。

2. フライパンにサラダ油を熱し、1を入れてさっと炒め、水を入れてふたをし、4分加熱する。Aを加えて炒め合わせる。

 point

火を止めたあとにごま油小さじ1(分量外)をかけると、香ばしくておいしいです。

[こども] [日持ち]

 豚肉の脂とお酢が絶妙にマッチ

豚バラ小松菜

パクパク系

材料 作りやすい量

小松菜…1束（200g）
豚バラ肉…100g
塩…ひとつまみ
A｜しょうゆ…小さじ2
　｜砂糖・酢…各小さじ1

作り方

1. 小松菜は茎と葉に分け、4cm長さに切る。根元には切り込みを入れる。豚肉は食べやすい大きさに切って塩をふる。Aは混ぜ合わせておく。

2. フライパンを熱し、豚肉をこんがり炒め、小松菜の茎を加えてさっと炒め、葉を入れてしんなりするまで炒める。最後にAを入れてからめたら火を止める。

 point

豚バラ肉から脂がたくさん出るので、ペーパータオルなどでふき取ると、あっさりと仕上がります。

こども 日持ち

バターとアスパラの組み合わせはテッパンです
アスパラガスのバター炒め

[材料] 作りやすい量

アスパラガス…6本
水…大さじ1
A ┃ バター（有塩）…5g
　┃ 塩…小さじ1/4
　┃ こしょう…少々
サラダ油…小さじ2

[作り方]

1. アスパラガスは根元のかたい部分を切り落とし、下から1/3ほど皮をむき、4cm長さの斜め切りにする。

2. フライパンにサラダ油を熱し、1を入れてさっと炒め、水を加えふたをして2分加熱する。

3. ふたをとりAを加えて手早くからめる。

point

皮をむくことで、根元のかたい部分が食べやすくなります。

[こども] [日持ち]

柔らかなすからおつゆがジュワ〜

なすのオランダ煮

パクパク系

[材料] 作りやすい量

なす…3本(300g)
A │ おろししょうが…小さじ1
　│ しょうゆ…大さじ1と1/2
　│ 砂糖…大さじ1
　│ 顆粒だし…ひとつまみ
　│ 水…100ml(1/2カップ)
ごま油…大さじ2

[作り方]

1. なすはヘタを落とし、ピーラーで皮を縞目にむいて、1cm厚さの輪切りにする。

2. フライパンにごま油を熱し、1を1分炒め、混ぜ合わせたAを加えて、ふたをする。4分煮てから火を止め、そのまま3分おく。

 point

余熱で味がしっかりとしみます。

[こども] [日持ち]

最後のかつおぶしがポイント

おかかバターほうれん草

材料 作りやすい量

ほうれん草…1束(200g)
しょうゆ…小さじ1と1/2
かつおぶし…2パック(5g)
バター(有塩)…10g

作り方

1. ほうれん草は茎と葉に分け、4cm長さに切る。根元には切り込みを入れる。

2. フライパンを熱してバターを入れ、溶け始めたら茎を入れて軽く炒める。葉を加え、しんなりしてきたら、しょうゆをまわし入れ、最後にかつおぶしを入れて軽く炒め合わせる。

point

かつおぶしを入れることで、
ほうれん草のえぐみが和らぎます。

こども 日持ち

 れんこんの食感と優しいあんのハーモニー

れんこん黒酢あん

材料 作りやすい量

れんこん…1節（200g）
A
- 黒酢・しょうゆ…各大さじ2
- 砂糖…大さじ2と1/2
- 鶏がらスープの素…ひとつまみ
- 水…大さじ3
- 片栗粉…小さじ1

サラダ油…小さじ2

作り方

1. れんこんは皮付きのまま、小さめの乱切りにする。
2. フライパンにサラダ油を熱し、1を入れてさっと炒め、ふたをする。時々転がしながら4分焼く。
3. Aをよく混ぜ合わせて加え、とろみがつくまで混ぜながら炒める。

 point

れんこんをこんがりと焼くことで、
歯ざわりよく、香ばしくなります。

日持ち

みそとマヨのコクが食欲をそそります

いんげんとさつま揚げの酢みそ和え

材料 作りやすい量

いんげん…150g
さつま揚げ…2枚（100g）
A ┃ みそ・マヨネーズ…各大さじ2
　┃ 砂糖・酢…各小さじ2
　┃ 練りがらし…小さじ1

作り方

1. いんげんは6cm長さに切ってさっと水にくぐらせ、ラップに包んで、電子レンジで2分30秒加熱する。

2. ボウルにA、1cm幅のそぎ切りにしたさつま揚げ、1を加えて混ぜ合わせる。

point

からしを抜くと、お子様でもおいしくいただけます。

 ねぎの存在感が絶妙なアクセントに
ねぎダレブロッコリー

パクパク系

| 材料 | 作りやすい量

ブロッコリー…1/2株(160g)
A│長ねぎ(粗みじん切り)…10㎝
　│塩…小さじ1
　│サラダ油…大さじ2
　│こしょう…少々

| 作り方 |

1. Aを耐熱容器に混ぜ合わせ、ラップをかけて電子レンジで40秒加熱する。

2. ブロッコリーは小房に分け、茎は厚めに皮をむいて輪切りにする。ぬらしてしぼったペーパータオルをかけ、ラップに包んで電子レンジで2分加熱する。

3. ボウルにA、2を入れ、混ぜ合わせる。

 point

レンジ加熱することでねぎの辛みが抜け、お子様もたくさん食べられます。

こども 日持ち

クセが消えて果てしないおいしさに
ゴーヤの塩昆布和え

|材料| 作りやすい量

ゴーヤ…1本(250g)
塩…小さじ1/2
A | 塩昆布…ふたつまみ
　 | ごま油…小さじ2

|作り方|

1 ゴーヤは縦半分に切り、種とわたをとって薄く切る。ポリ袋に入れ、塩を入れてしんなりするまでもむ。

2 1を水洗いして水けをしぼり、Aを加えて混ぜ合わせる。

point

途中で味見をして苦みが気にならない場合は、
水洗いしなくてもOKです。

かんたん　日持ち

レタスをおかわりしたくなること必至です

卵たっぷりタルタル

パクパク系

| 材料 | 作りやすい量

レタス…1個（300g）
らっきょう甘酢漬け…10粒
ゆで卵…2個

A
マヨネーズ…大さじ3
甘酢漬けの汁…小さじ1
塩・こしょう・ドライパセリ
…各少々

| 作り方 |

1 レタスは食べやすくちぎり、器に盛る。らっきょうは粗みじん切りにする。

2 ボウルにらっきょうとAを入れて混ぜ合わせ、ゆで卵を加えてフォークなどでざっくりつぶし、軽く和えて、レタスにかける。

point

ゆで卵は、冷蔵庫から出した卵を沸騰した湯にそっと入れて
8分ゆで、冷水にとってカラをむいてください。

こども

ポリポリ食べだしたら手が止まりません
パリッとごぼう

[材料] 作りやすい量

ごぼう…1本(150g)
めんつゆ…小さじ1
片栗粉…大さじ3
塩…少々
サラダ油…適量

[作り方]

1 ごぼうはピーラーでリボン状に切る。めんつゆをからめ、片栗粉をまぶす。

2 フライパンに約2cm深さのサラダ油を入れて170℃に熱し、1の半分をほぐしながら広げ入れる。途中で上下をひっくり返しながら3分揚げ、パリッとしたら引き上げ、油をきって塩をふる。残りも同じように揚げる。

point

揚げすぎに注意。油をきっている間にパリッと仕上がります。

[こども] [日持ち]

主食とガッツリ

Part 2
ぶっかけ系

" シンプルな食材が、立派なごちそうに大変身。
かんたんにできて、あとは
ごはんやそうめんにかけるだけ。
ほんのひと手間で、あっという間に
ボリューミーなメインディッシュのできあがり。"

簡単だけど満足感はピカイチ
ハッシュドえのき

[材料] 作りやすい量

えのき…1袋(180g)
バター…5g
こしょう…少々
パスタ…80g
A｜中濃ソース・ケチャップ
　　…各大さじ2
　｜しょうゆ…小さじ1
　｜砂糖・コンソメ(顆粒)
　　…各ひとつまみ

◯ point
きのこは何種類かミックスしてもOK。

[作り方]

1 えのきは石づきを落とし、長さを半分に切ってほぐす。

2 耐熱容器にAを入れて混ぜ合わせ、1を加えてざっくり和えてラップをふんわりかけ、電子レンジで3分加熱する。取り出してバターを入れ、こしょうをふって混ぜ合わせる。

3 パスタ(80g)を表示通りゆで、塩・こしょう少々(分量外)、適量の2と和える。

[こども] [日持ち]

ぶっかけ系

三つ葉の香りが食欲を刺激
鮭三つ葉

|材料| 作りやすい量

三つ葉…1束(100g)
鮭フレーク…大さじ3
ごはん…茶碗1膳
A ┃ ゆずこしょう・しょうゆ
　┃ …各小さじ1/2
　┃ サラダ油…小さじ2

|作り方|

1. 三つ葉は食べやすい長さに切る。
2. ボウルにAを入れて混ぜ、1、鮭フレークを加えて混ぜ合わせる。
3. ごはんに2を適量のせる。

◯ point △

ルッコラなど香りの良いサラダ野菜でも代用できます。

かんたん　25

 安い材料でヘルシー&ボリューミー
麻婆しめじ

材料 作りやすい量

しめじ…大1パック(200g)
片栗粉…小さじ1
豚ひき肉…100g
中華麺…1袋

A
- みそ…大さじ1
- しょうゆ…小さじ1
- 砂糖…小さじ1/2
- 豆板醤…少々
- にんにく・しょうが(みじん切り)…各小さじ1

作り方

1. ポリ袋にA、豚ひき肉を入れ、もみ混ぜる。

2. 耐熱容器に、石づきを落としてほぐしたしめじを入れ、片栗粉をまぶしつけ、1を広げてのせる。ラップをふんわりかけて、電子レンジで4分30秒加熱する。

3. 中華麺(1袋)を表示通り加熱し、湯大さじ1・鶏がらスープの素ひとつまみ(分量外)を混ぜ合わせ、2を適量かける。

ぶっかけ系

食欲のない日につるっと栄養補給
ネバネバなめこめかぶ

|材料| 作りやすい量

なめこ…1袋(100g)
めかぶ(味付き)…1パック(40g)
そうめん…1束(50g)
A┃しょうゆ…小さじ2
　┃レモン汁…小さじ1
　┃砂糖…ひとつまみ

|作り方|

1. なめこはザルに入れ、熱湯をかけてほぐす。
2. ボウルにめかぶ、Aを入れ混ぜ合わせ、さらに1を加えて和える。
3. そうめん1束(50g)を表示通りゆで、流水でもみ洗いして水けをきり、めんつゆ少々(分量外)をかけて2をのせる。

point

レモンの香りでさっぱり。
豆腐にのせてもおいしくいただけます。

かんたん　日持ち

缶詰で時短&ナンプラーで簡単エスニック
鶏バジルパプリカ

[材料] 作りやすい量

パプリカ(黄色)…1個
焼鳥缶(塩味)…1缶
ごはん…茶碗1膳

A ┃ ナンプラー・
　┃ オイスターソース…各小さじ1と1/2
　┃ にんにく(みじん切り)…小さじ1
　┃ ドライバジル…小さじ1/2
　┃ 赤唐辛子(輪切り)…少々

[作り方]

1 パプリカは一口大の乱切りにする。

2 耐熱容器にAを入れて混ぜ合わせ、1、焼鳥を入れてラップをかけ、電子レンジで3分加熱する。

3 ごはんに2を適量のせる。

point
ナンプラーが苦手な方は、しょうゆにかえても。
お弁当のおかずにもおすすめです。

[こども] [日持ち]

オクラの歯応えとねばりが後引く食感
だし風オクラ

ぶっかけ系

| 材料 | 作りやすい量

オクラ…10本
そうめん…1束(50g)
A │ しょうゆ…小さじ1と1/2
　│ かつおぶし…1パック(2.5g)
　│ おろししょうが…小さじ1/4

| 作り方 |

1 オクラはラップに包んで、電子レンジで1分20秒加熱する。

2 1を冷水に通し、水けをきる。粗みじん切りにしてボウルに入れ、Aを加えて混ぜ合わせる。

3 そうめん1束(50g)を表示通りゆで、流水でもみ洗いして水気をきり、水3/4カップ(150ml)、めんつゆ大さじ2(分量外)をかけ、2をのせる。

しょうがの香りがポイント。
みょうがやしそを加えるとぜいたくに。

日持ち

焼き目の香ばしさが食欲をそそる
かぶの油淋ソース
(ユーリン)

|材料| 作りやすい量

かぶ…3個(240g)
中華麺…1袋
A
　長ねぎ(斜め薄切り)…5cm
　しょうゆ・酢…各大さじ2
　砂糖…大さじ1
　赤唐辛子(輪切り)…少々
サラダ油…小さじ2

point
中華の定番をアレンジ。
ねぎは薄切りにすることで時間を短縮。

|作り方|

1 かぶは茎を少し残して、皮つきのまま6等分のくし形に切る。葉は3cm長さに切る。ボウルにAを入れて混ぜ合わせる。

2 フライパンにサラダ油を熱し、かぶの実、葉を入れて焼き色がつくまで2分30秒、転がしながら焼き、Aと和える。

3 中華麺(1袋)を電子レンジで表示通り加熱し、ごま油・塩各少々(分量外)を混ぜ合わせ、2を適量かける。

|日持ち|

 いくらでも食べられそうな甘辛スパイシー
玉ねぎマヨカレー

ぶっかけ系

|材料| 作りやすい量

玉ねぎ…大1個(250g)
マヨネーズ…大さじ2
おろしにんにく・おろししょうが
…各小さじ1
水…大さじ3
冷凍うどん…1玉
A｜カレー粉・塩…各小さじ1/2
　｜こしょう…少々

point
マヨネーズで炒めることでコクが出て、玉ねぎの甘みも引き立ちます。

|作り方|

1 玉ねぎは1cm厚さの輪切りにする。

2 フライパンにマヨネーズ、にんにく、しょうが、1を入れて火にかけ、1分炒め、水を入れてふたをする。時々混ぜて3分加熱する。

3 2にAを加えて炒め合わせる。

4 冷凍うどん(1玉)を電子レンジで表示通り加熱し、めんつゆ大さじ1(分量外)を混ぜ、3を適量かける。

|日持ち|

 しょうゆとコンビーフの
コラボをどうぞ

しめじコンビーフ

材料 作りやすい量

しめじ…大1パック(200g)
コンビーフ…1缶(100g)
万能ねぎ…2本
冷凍うどん…1玉
A│しょうゆ…大さじ1
　│みりん・酢…各小さじ1

ぶっかけ系

作り方

1 しめじは石づきを落としてほぐす。万能ねぎは小口切りにする。

2 耐熱容器にAを入れて混ぜ、コンビーフをちぎりながら加え、しめじも入れてざっくり混ぜ、電子レンジで3分加熱する。取り出して万能ねぎをふる。

3 冷凍うどん(1玉)は表示通り加熱し、しょうゆ・ごま油各少々(分量外)を混ぜ、2を適量かける。

コンビーフのうまみが決め手。
カレー粉を小さじ1/2加えてアレンジしても。

かんたん　こども　日持ち

 ほかほかごはんにのせた途端、香るごま油

にらしょうがナムル

[材料] 作りやすい量

にら…1束(100g)
ごはん…茶碗1膳
A ┃ おろししょうが・ごま油
　┃ 　…各小さじ1
　┃ 塩…ひとつまみ
　┃ 鶏がらスープの素…小さじ1
　┃ すりごま…大さじ1

[作り方]

1 にらは4cm長さに切る。

2 ボウルに1、Aを入れてラップをかけ、電子レンジで2分加熱する。取り出して混ぜ合わせる。

3 ごはんに2を適量のせる。

point
にらは加熱するとかさが減るので、1束ぺろっと食べられます。

[日持ち]

お子さんと一緒に食べてください

かぼちゃのココナツカレー

材料 作りやすい量

かぼちゃ…1/4個(200g)
ごはん…茶碗1膳分
A | ココナツミルク…小1缶(165g)
　| カレー粉・しょうゆ…各小さじ1
　| 塩…小さじ1/2
　| おろししょうが…小さじ1

作り方

1. かぼちゃは皮をところどころむいて、8mm厚さに切る。

2. 耐熱容器に1、Aを入れて混ぜ、ラップをふんわりとかけて電子レンジで5分加熱する。

3. ごはんに2を適量かける。

 point

ココナツミルクとかぼちゃの甘みが、
カレーにぴったり。クセになるおいしさです。

ぶっかけ系

甘辛く煮付けたたけのこは感動的なおいしさ

ルーローハン風たけのこ

材料 作りやすい量

たけのこの水煮…1袋(250g)
しょうが・にんにく(みじん切り)
…各小さじ1
ごはん…茶碗1膳
A | 水…100ml(1/2カップ)
　 | オイスターソース…大さじ1
　 | しょうゆ・砂糖…各小さじ2
ごま油…大さじ1

 point

たけのこは焦げ目がつくくらいが
おいしいです。

作り方

1 たけのこは1.5cm角に切る。

2 フライパンにごま油を熱し、1を入れてさっと炒め、しょうが、にんにくを加えて香りが立つまで炒め合わせる。

3 Aを加えて2分煮る。

4 ごはんに3を適量のせる。

ラー油のピリ辛が最高の隠し味
バンバンきゅうり

ぶっかけ系

|材料| 作りやすい量

きゅうり…2本(200g)
中華麺…1袋
A
　ポン酢・マヨネーズ…各大さじ1
　すりごま…大さじ2
　具入りラー油…小さじ2
　砂糖…ひとつまみ

|作り方|

1 きゅうりは細切りにする。Aを混ぜ合わせておく。

2 中華麺(1袋)を電子レンジで表示通り加熱し、ごま油少々・塩ひとつまみ(各分量外)を混ぜ合わせ、1を適量のせる。

 point

ラー油は辛さがさまざまなので、調整してください。
たたききゅうりにしても、違った食感でおいしい。

かんたん

れんこんの厚さで見た目も味わいも変化
れんこんアラビアータ

[材料] 作りやすい量

れんこん…1節(200g)
ベーコン…2枚
にんにく(つぶす)…1/2片
パスタ…80g
A ┃ カットトマト…1/2パック(200g)
　┃ コンソメ(顆粒)…小さじ2
　┃ 砂糖・塩…各小さじ1/2
　┃ しょうゆ…小さじ1
　┃ ラー油…小さじ1/2
オリーブオイル…大さじ1

[作り方]

1 れんこんは皮つきのまま5mm厚さの半月切りにする。ベーコンは5cm幅に切る。

2 フライパンにオリーブオイル、にんにくを入れて火にかけ、香りが立ったら1を入れ、さっと炒める。Aを加え、ふたをして4分煮る。

3 パスタ(80g)を表示通りゆで、塩・こしょう各少々(分量外)を混ぜ、2をかける。

[日持ち]

食べて飲んで、飲んで食べて

Part 3
おつまみ系

" 毎日のお仕事お疲れ様です。
家に帰って缶ビールをプシュッ。
「あれあれ、おつまみがない」。そんな時でもご安心を。
一日のご褒美にふさわしい、
とっておきかんたんレシピたち。"

めんつゆと焼鳥缶でこってりアレンジ
甘辛ピーマン

| 材料 | 作りやすい量

ピーマン…5個
焼鳥缶詰(しょうゆ味)…1缶
白ごま…少々
A | めんつゆ(3倍濃縮)…小さじ1
　 | ごま油…小さじ2

| 作り方

1. ピーマンは縦半分に切り5mm厚さの横細切りにして耐熱容器に入れ、焼鳥、Aを加える。

2. 1にラップをかけて電子レンジで2分加熱し、混ぜ合わせる。

point

さんまやいわしの蒲焼缶で代用してもおいしい。

かんたん　こども　日持ち

シンプルな味付けで素材のおいしさを堪能
タコ白菜

つまみ系

[材料] 作りやすい量

白菜…1/8株(125g)
塩・青のり…各小さじ1
ゆでダコ足…1本(80g)
マヨネーズ…大さじ2
紅しょうが…適量

[作り方]

1. 白菜は葉と芯に分ける。芯は5cm長さに切ってから、繊維に沿って5mm幅に切り、葉はざく切りにしてポリ袋に入れ、塩を加えてもみ混ぜる。

2. 1の水けをしぼってボウルに入れ、薄切りにしたタコ、マヨネーズを加えて混ぜ合わせる。

3. 器に盛り、紅しょうが、青のりをちらす。

 point
お好みで紅しょうがの量を加減してください。

こども 日持ち

想像を超えたコンビネーション
みそラー油スナップエンドウ

|材料| 作りやすい量

スナップエンドウ…15個(130g)
のり…おにぎり用2枚(全形2/3枚)
A │ みそ…小さじ2
  │ 具入りラー油…小さじ2

|作り方|

1. スナップエンドウはすじとヘタを取り、水にさっとくぐらせてラップで包み、電子レンジで1分30秒加熱する。

2. Aをボウルに入れて混ぜ合わせ、1、手でちぎったのりを加えて和える。

point

程よい歯ざわりを残すため、加熱しすぎにご注意ください。
レンジから出して、すぐ冷水にとると緑が色あせません。

シンプルな調理法だからこそ活きる優しい味

ゆずこしょうえのき

つまみ系

| 材料 | 作りやすい量

えのき…1袋(180g)
かつおぶし…ふたつまみ
A ┃ ゆずこしょう…小さじ1/2
　　塩…ひとつまみ
　　みりん…小さじ2

| 作り方

1. えのきは石づきを落とし、長さを半分に切ってほぐす。

2. 耐熱容器にAを入れて混ぜ、1を加えて混ぜ合わせてふんわりラップをかけ、電子レンジで2分加熱する。器に盛り、かつおぶしをふる。

 point

袋内の空気が少なく、バラバラせず、
キュッとまとまっている新鮮なえのきを選びましょう。

かんたん 日持ち

レモンを入れることでエスニック風に
塩辛パクチー

材料 作りやすい量

パクチー…1束(100g)
塩辛…大さじ2
A ごま油…小さじ2
  レモン汁…小さじ1

作り方

1 パクチーはざく切りにする。

2 ボウルに塩辛、Aを入れて混ぜ合わせ、1を加えて和える。

point
お好みで七味をふってもOK。

かんたん

ごはんもすすむ濃厚こってり
コチュマヨごぼう

つまみ系

|材料| 作りやすい量

ごぼう…1本(150g)
A ┃ コチュジャン・マヨネーズ
　┃ …各大さじ1
　┃ しょうゆ・砂糖・サラダ油
　┃ …各小さじ1
　┃ 白ごま…大さじ1

|作り方|

1. ごぼうは、ピーラーで5〜6cm長さの薄切りにして、さっと水洗いし、水けをきる。
2. 耐熱皿に1を広げ、ふんわりとラップをかけて電子レンジで4分加熱する。
3. ボウルにAを入れて混ぜ合わせ、2を加えて和える。

point

ごぼうは皮をむかなくても大丈夫。
水にさらすと香りがなくなります。

|日持ち|

こんがりと焼いた大根をピリ辛の味付けで
韓国風焼き大根

材料 作りやすい量

大根…10cm（300g）
A ┃ おろしにんにく…小さじ1/4
　┃ コチュジャン・しょうゆ…各小さじ2
　┃ すりごま…大さじ1
ごま油…大さじ1

作り方

1 大根は5mm厚さの半月切りにする。葉があれば、ラップに包んで40秒加熱し、小口切りにする。Aは混ぜ合わせる。

2 フライパンにごま油を熱して大根を入れ、あまり動かさないで4分、両面をこんがりと焼く。Aを加えてからめ、葉をちらす。

point

薄切りにして焼きつけることで、
調味料がよくからみ、濃厚になります。

つまみ系

安くてボリュームたっぷりの豆苗をサラダ風に

豆苗ごまチーズ

| 材料 | 作りやすい量

豆苗…1袋
A
| 白ごま…大さじ1
| カッテージチーズ…50g
| マヨネーズ…大さじ2
| オリーブオイル…小さじ2
| 塩…小さじ1/4
| こしょう…少々

| 作り方 |

1 豆苗は根元を落とす。

2 ボウルにAを入れて混ぜ合わせ、1を加えて和える。

point

カッテージチーズは低カロリーなのに、
コクもたんぱく質もたっぷり。

かんたん　こども　47

桜えびの香ばしさと食感がうれしい
えびトマト

|材料| 作りやすい量

ミニトマト…1パック
桜えび…大さじ2
A しょうゆ・ごま油…各小さじ2
　酢…小さじ1
　からし…少々

|作り方|

1 ミニトマトは半分に切る。

2 桜えびは耐熱皿に入れ、ラップをかけずに電子レンジで10秒加熱する。

3 ボウルにAを入れて混ぜ合わせ、1、2を加えて和える。

トマトをざく切りにしてもOK。
桜えびをレンジで軽く煎ると、
香りがぐっと良くなります。

かんたん　こども　日持ち

驚くほど簡単で驚くほど食がすすむ
マスタードレタス

|材料| 作りやすい量

レタス…1個（300g）
A
- 粒マスタード・粉チーズ・水…各大さじ1
- オリーブオイル…大さじ2
- 塩…ひとつまみ

|作り方|

1. レタスは8等分のくし形に切り、耐熱皿に入れ、ラップをかけて電子レンジで1分加熱する。
2. Aを混ぜ合わせて1にかける。

> point

ほんのり加熱することで、シャキシャキだけど、ごわごわしなくなります。
粒マスタードの代わりに、レモン汁少々でも。

|かんたん|

さっぱりマリネで光るサーモンのコク
スモークサーモンかぶマリネ

つまみ系

|材料| 作りやすい量

かぶ…3個(240g)
スモークサーモン(切り落とし)
…6枚
レモン(薄切り)…4枚

A
酢・オリーブオイル…各大さじ1
砂糖…小さじ1/2
塩…小さじ1/2強

|作り方|

1 かぶは茎を少し残して葉を切り落とす。実は半分に切って、薄切りにする。葉は3cmに切る。スモークサーモンは食べやすい大きさに切る。

2 ポリ袋にかぶの実、葉、Aを入れ、よくもむ。

3 ボウルに2、スモークサーモン、レモンを入れて混ぜ合わせる。

 point

スモークサーモンの代わりに、
ハムやカニ風味かまぼこなどでもおいしい。

|日持ち|

カリフラワーをもっと好きになる一品
クリームチーズカリフラワー

|材料| 作りやすい量

カリフラワー…小1株(400g)
A
　クリームチーズ…30g(個包装2個)
　牛乳…大さじ2
　塩…小さじ1/2
　こしょう・おろしにんにく…各少々

|作り方|

1 耐熱容器にAを入れて電子レンジで30秒加熱し、混ぜ合わせる。

2 カリフラワーは小房に分け、大きければ半分に切ってラップに包み、電子レンジで4分加熱する。

3 1に2を入れて混ぜ合わせる。

point
カリフラワーは加熱してもビタミンCなどの栄養素が失われにくい優秀野菜です。

にらと厚揚げのおいしさを余すところなく
にら薬味みそ

|材料| 作りやすい量

にら…1束(100g)
厚揚げ…1枚
A │ みそ…小さじ4
　 │ 砂糖・水・しょうゆ…各小さじ2
　 │ おろしにんにく…少々

|作り方|

1 にらは4cm長さに切る。厚揚げはペーパータオルで包んで油をとり、手で一口大にちぎる。ボウルにAを入れて混ぜ合わせる。

2 耐熱容器ににら、厚揚げを入れ、ラップをかけて電子レンジで3分加熱する。

3 2にAを加えて和える。

ニラに含まれるアリシンは、大豆のビタミンB1の吸収を助け、疲労回復効果が期待できます。

 たらことオリーブオイルの簡単ソース
たらこ南蛮

|材料| 作りやすい量

玉ねぎ…大1個(250g)
たらこ…1腹(50g)
A ┃しょうゆ(あれば薄口)…小さじ2
　┃酢・水・砂糖…各大さじ1
　┃塩…ひとつまみ
オリーブオイル…大さじ2

point
玉ねぎの辛さが気になる時は、何度か水を取り替えてください。

|作り方|

1. 玉ねぎは薄切りにしてたっぷりの水にさらし、ザルに上げて水けをきる。

2. たらこは薄皮に切り目を入れて中身を耐熱容器にしぼり、オリーブオイルをかけ、ラップをして電子レンジで40秒加熱する。

3. ボウルにAを入れて混ぜ合わせ、1を加えて和え、器に盛り2をかける。

|日持ち|

どんなお酒にも合う絶品おつまみ
しいたけアヒージョ

|材料| 作りやすい量

しいたけ…6枚
にんにく（薄切り）…1片
塩…ふたつまみ
A｜オリーブオイル…大さじ5
　｜赤唐辛子…1本

|作り方|

1. しいたけはかさと軸に分け、かさは半分に、軸は石づきを取って細切りにする。にんにくは薄く切る。

2. 小さめのフライパンか鍋ににんにくとAを入れて火にかける。香りが立ったら、しいたけ、塩を入れてさっと炒め、時々混ぜながら3分、煮るように火を通す。

point

残ったオイルはパンにつけたり、パスタやうどんとからめても。

わさびの爽やかさと
オリーブオイルのコク

クレソン
わさび和え

材料 作りやすい量

クレソン…2束(100g)
はんぺん…1枚
A ┃ わさび…小さじ1/2
　┃ しょうゆ・オリーブオイル
　┃ …各小さじ1

作り方

1 クレソンは葉先をつみ、茎はざく切りにする。はんぺんは一口大にちぎる。

2 ボウルにAを入れて混ぜ合わせ、1を加えて和える。

point

クレソンはスーパーフード。
眼精疲労、美肌、むくみ、イライラに効果的。

かんたん

砂糖を入れることでコクが増します

ごまみそバターたけのこ

材料 作りやすい量

たけのこの水煮…1袋(250g)
バター…10g
七味…少々
A│みそ・砂糖…各大さじ2
 │水…大さじ1
 │しょうゆ…小さじ2
 │すりごま…大さじ2

作り方

1 たけのこは根元と穂先に切り分け、穂先はくし形切りに、根元は1cm厚さのいちょう切りにする。

2 フライパンを熱し、バターを入れて少し溶けたら、1を入れて薄く焼き色がつくまで3分炒める。

3 Aを混ぜ合わせて加え、2分煮からめる。器に盛り、七味をかける。

冷凍保存もできます。

シンプルだからおいしい
韓国風三つ葉

つまみ系

|材料| 作りやすい量

三つ葉…1束(100g)
韓国のり…5枚
A | めんつゆ(3倍濃縮)…小さじ1
　 | ごま油…小さじ2

|作り方|

1. 三つ葉は4cm長さに切り、ラップに包んで電子レンジで40秒加熱する。

2. ボウルで1、Aを和え、のりを手でちぎって加えて混ぜ合わせる。

◠ point ◠

焼きのりでもおいしくできます。
三つ葉は、神経の興奮をしずめ、安眠に効果があります。

|かんたん|

にんにくと唐辛子のダブルパンチ
ひじきとうずらのアーリオオーリオ

材料 作りやすい量

乾燥芽ひじき…1袋(25g)
水…100ml(1/2カップ)
にんにく(薄切り)…1片分
赤唐辛子(輪切り)…少々
うずら卵の水煮…10個
A｜しょうゆ…小さじ1
　｜塩…少々
オリーブオイル…大さじ2

point

工程3で大さじ2の「水」を入れると、ひじきがふっくらします。

作り方

1 ひじきはさっと水洗いして耐熱容器に入れ、水を加え、ふんわりとラップをかけて電子レンジで4分加熱する。

2 フライパンにオリーブオイル、にんにく、赤唐辛子を入れて弱火にかけておく。

3 2に水大さじ2(分量外)を加えてなじませ(乳化)、1、うずらの卵、Aを入れて炒め合わせる。

日持ち

焼きたての香ばしさは格別
長いものおかかバター焼き

|材料| 作りやすい量

長いも…10㎝（250g）
塩…ひとつまみ
バター…10g
A | しょうゆ…小さじ2
　 | かつおぶし…5g

|作り方|

1. 長いもはよく洗い、皮付きのまま1cm厚さの輪切りにして塩をふっておく。

2. フライパンを熱し、バターを入れて少し溶けてきたら、1を並べ入れて両面をこんがり焼く。最後にAを入れてからめる。

> point
> 長いものひげ根が気になる場合は直火で軽くあぶってください。

定番の組み合わせは安定のおいしさ
ししとうとカリカリ油揚げ

|材料| 作りやすい量

ししとう…1パック
油揚げ…1枚
塩…ひとつまみ
A｜しょうゆ・みりん…各小さじ1
サラダ油…小さじ2

|作り方|

1 フライパンにサラダ油を熱し、ししとう、油揚げを入れる。ししとうは時々転がし、焦げ目がつくまで焼いて取り出し、塩をふる。

2 油揚げは両面をこんがり焼いてAとからめる。

3 2を細切りにして、ししとうと混ぜ合わせる。

point

Aはめんつゆでも。
レモンをしぼってもおいしい。

|日持ち|

うまい、安い、見た目もいい

Part 4
金欠系

" 給料日までの1週間を、
この1000円で乗りきる。
そう決意したあなたへのお助けレシピ。
大家族も、苦学生もみんな寄ってらっしゃい。
お腹いっぱい、大満足を約束します。"

 塩昆布の優しい味わいがエクセレント
塩バターピーマン

[材料] 作りやすい量

ピーマン…5個
塩昆布…10g
バター(有塩)…5g

[作り方]

1. ピーマンは縦半分に切って、5mm幅の縦切りにして耐熱容器に入れ、塩昆布を加えてラップをかけ、電子レンジで2分加熱する。

2. 1を取り出し、バターを入れて混ぜ合わせる。

 point

繊維に沿って縦方向に切ると、歯応えシャキシャキ。

[かんたん] [こども] [日持ち]

ポン酢を入れることで最後までさっぱり
めんつゆもやし

金欠系

|材料| 作りやすい量

もやし…1袋
ちくわ…3本
万能ねぎ…3本
A | めんつゆ…大さじ2
  | ポン酢…大さじ1

|作り方|

1. もやしは目立つひげ根を取りのぞき、ちくわは縦半分に切って、斜め8mm幅に切る。万能ねぎは5cm長さに切る。

2. もやし、ちくわを耐熱容器に入れ、ラップをかけて電子レンジで2分加熱する。

3. 2にAを加えて混ぜ合わせ、万能ねぎと和える。

point

ポン酢をオイスターソースに替えると、こってりとしたスタミナおかずに。

|かんたん| |こども| 65

 あっという間にできるヘルシーおつまみ
わかめナムル

材料 作りやすい量

乾燥カットわかめ…10g
A しょうゆ・ごま油…各小さじ2
　 すりごま…大さじ1
　 おろしにんにく…少々

作り方

1 わかめは袋の表示の通りに戻し、水けをしぼる。

2 ボウルにAを入れて混ぜ合わせ、1を加えて和える。

 point

にんにくをしょうがで代用してもおいしい。

かんたん 日持ち

金欠系

たくわんと水菜の歯応えでお腹がふくれます
水菜ぽりぽりたくわん

|材料| 作りやすい量

水菜…1束(200g)
たくわん…5cm
A｜すし酢…小さじ2
　｜サラダ油…大さじ1

|作り方|

1. 水菜は根を切り落として5cm長さに切り、たくわんは細切りにする。
2. ボウルにAを入れて混ぜ合わせ、1を加えて和える。

▷ point ◁
たくわんの代わりに柴漬けや
ザーサイを使っても楽しめます。

かんたん こども

味付けさっぱりでペロリといけます
きゅうりの梅炒め

材料 作りやすい量

きゅうり…2本(200g)
豚バラ肉…100g
梅干し…2個
A | めんつゆ(3倍濃縮)…小さじ2
　| 塩…ひとつまみ

作り方

1 きゅうりはめん棒などで軽くたたき、手で食べやすい大きさに割る。梅干しは細かくちぎる。豚肉は食べやすい大きさに切る。

2 フライパンを熱し、豚肉を入れて1分30秒こんがり焼き、きゅうりを入れてさっと炒め、梅干し、Aを加えて手早く炒め合わせる。

豚肉から出た脂で手早く炒めましょう。

かんたん　温め

金欠系

みそとケチャップが口の中でハーモニーを奏でます
みそケチャいんげん

|材料| 作りやすい量

いんげん…100g
A みそ・ケチャップ…各小さじ2
　 しょうゆ・ごま油…各小さじ1
　 砂糖・豆板醤…各小さじ1/2

|作り方|

1. いんげんはさっと水にくぐらせ、4cm長さに切ってラップで包み、電子レンジで2分加熱する。

2. Aをボウルに入れて混ぜ合わせ、1を加えて和える。

point

ごはんのすすむ味付けで、お弁当のおかずにも。

|かんたん| |日持ち|

すりごまとごま油の豊かな風味
アルファルファのごま和え

金欠系

|材料| 作りやすい量

アルファルファ…1パック
ささみ…2本
A
- めんつゆ（3倍濃縮）…小さじ2
- おろしにんにく…少々
- 白すりごま…大さじ1
- ごま油…小さじ1

|作り方|

1. ささみはすじをのぞき、ラップで包んで電子レンジで2分加熱。粗熱がとれたら食べやすくほぐす。

2. アルファルファ、1、Aを混ぜ合わせる。

point

ささみは加熱しすぎると破裂するので、余熱で火を通します。

かんたん こども

 香ばしさとだしで見事なおいしさに
ししとうの焼きびたし

材料 作りやすい量

ししとう…1パック
魚肉ソーセージ…1本
A｜だし汁…50ml(1/4カップ)
　｜しょうゆ・みりん…各小さじ1
　｜塩…ひとつまみ
サラダ油…小さじ2

作り方

1 魚肉ソーセージは8mm厚さの斜め切りにする。

2 フライパンにサラダ油を熱し、ししとう、1を焼き色がつくまで加熱し、Aを加えて軽く和える。

point
お酒のおつまみにしても、おいしいです。

かんたん　日持ち

甘酸っぱさで不思議とたくさん食べられます

ごまウスターアルファルファ

金欠系

| 材料 | 作りやすい量

アルファルファ…1パック
A｜ウスターソース…小さじ2
　｜マーマレード…大さじ1
　｜しょうゆ・黒すりごま…各小さじ1

| 作り方

1 アルファルファを器に盛り、Aを混ぜ合わせたタレをかける。

point

スプラウトや貝割れ大根でもおいしい。

かんたん　こども

口に広がる心地良い水菜の食感
シャキシャキ水菜炒め

材料 | 作りやすい量

水菜…1束(200g)
ちりめんじゃこ…30g
A│おろしにんにく…少々
　│昆布茶・水…各小さじ2
サラダ油…大さじ1

作り方

1. 水菜は根を切り落として4㎝長さに切る。Aは混ぜ合わせる。

2. フライパンにサラダ油を熱し、ちりめんじゃこを炒める。

3. ちりめんじゃこがチリチリとしてきたらAを入れて混ぜ、水菜を加えてから火を止め、さっと混ぜ合わせる

火を止めて余熱で仕上げることで
歯応えが良くなります。

こども

金欠系

わかめと梅、オリーブオイルの三重奏♪
わかめの梅和え

|材料| 作りやすい量

乾燥カットわかめ…10g
A │ 梅肉・オリーブオイル…各小さじ2
　│ しょうゆ…小さじ1
　│ 砂糖…ひとつまみ

|作り方|

1 わかめは袋の表示の通りに戻し、水けをしぼる。

2 ボウルにAを入れて混ぜ合わせ、1と和える。

point

わかめの栄養素(ヨウ素)は油と一緒に食べることで吸収が良くなります。

かんたん　日持ち

タレがからんだ衣ごとパクリ
甘辛大豆

金欠系

[材料] 作りやすい量

水煮大豆…1袋(155g)
片栗粉…大さじ1
A│しょうゆ・砂糖…各大さじ1
　│酢…小さじ1
オリーブオイル…大さじ2

[作り方]

1. 大豆は水けをきり、ポリ袋に入れ、片栗粉をふりかけて全体にまぶす。

2. フライパンにオリーブオイルを熱し、1を入れてフライパンをゆすりながら炒め、大豆がパラパラになるまで5分炒める。

3. Aをボウルに入れて混ぜ合わせ、2を加えてからめる。

point

ドライの「蒸し大豆」(袋・缶)を使うと、水きりの手間がありません。

こども　日持ち

一皿でお腹いっぱい
担々チンゲン菜

[材料] 作りやすい量

チンゲン菜…2株
豚小間切れ肉…150g
A
- みそ…大さじ2
- 砂糖・白すりごま…各大さじ1
- しょうゆ・片栗粉…各小さじ1
- 水…大さじ6

サラダ油…小さじ2

[作り方]

1 チンゲン菜は縦に4つ割りにし、耐熱皿に入れ、ラップをかけて電子レンジで2分加熱する。Aは混ぜ合わせておく。

2 フライパンにサラダ油を熱し、豚肉を入れて色が変わるまで炒め、混ぜ合わせたAを加えてとろみがつくまで加熱する。

3 1を器に盛り、2をかける。

 point

ひき肉で作っても、もちろんOK。

こども 温め

もう一品欲しい時に

Part 5
ヘルシー系

"ダイエットでメタボ体型や
ぽっこりお腹を解消したい。
でも、空腹は最大のストレス。
というわけで、ヘルシーおかずで、
お腹も心も満たして、
体の中からキレイになりましょう。"

昆布茶、のり、梅がクセになります

じゃがいものシャキシャキ梅サラダ

[材料] 作りやすい量

じゃがいも…2個(300g)
刻みのり…適宜
A│梅肉・サラダ油…各大さじ1
 │昆布茶…小さじ1

[作り方]

1. じゃがいもは千切りにして水洗いし、水気をきって耐熱容器に入れ、ラップをかけて電子レンジで2分加熱する。

2. 1を軽く混ぜ、再びラップをかけて30秒蒸らす。

3. 2にAを加えて混ぜ合わせ、器に盛り、刻みのりをのせる。

point

千切りはスライサーが便利です。

[日持ち]

 いつもとは違った韓国風おひたし
ヤンニョムほうれん草

材料 作りやすい量

ほうれん草…1束
A
　長ねぎ（粗みじん切り）…3cm
　おろしにんにく…小さじ1/4
　一味唐辛子…少々
　しょうゆ・ごま油・すりごま…各小さじ2
　砂糖…小さじ1/2

作り方

1 ほうれん草は水にくぐらせてラップで包み、電子レンジで1分30秒加熱する。ラップをはずして水をかけて冷まし、水けをしぼり、3cm長さに切る。

2 ボウルにAを入れて混ぜ合わせ、1を加えて和える。

 point
ほうれん草のえぐみは、ごま油でコーティング。

日持ち

 すし酢のおかげでまろやかに
レモンなますセロリ

|材料| 作りやすい量

セロリ…2本(180g)
レモン(薄切り)…4枚
A
├ レモン汁…小さじ2
├ すし酢…大さじ1
├ 塩…小さじ1/2
└ オリーブオイル…小さじ1

|作り方|

1 セロリは茎のすじを取って5cm長さに切り、繊維に沿って薄切りにし、葉はざく切りにしてポリ袋に入れる。

2 1にAを加えて軽くもみ混ぜ、レモンの薄切りを加える。

point

残りがちなセロリの葉も入れて、爽やかな香りに。

|日持ち|

誰もが喜ぶシンプル箸休め
アスパラガスのおひたし

|材料| 作りやすい量

アスパラガス…6本
かつおぶし…1パック(2.5g)
A
　だし…100ml(1/2カップ)
　しょうゆ・みりん…各小さじ1
　塩…ひとつまみ
　オリーブオイル…小さじ1

|作り方|

1 アスパラガスは根元のかたいところを切り落とし、下から1/3ほど皮をむき、4cm長さに切る。耐熱容器に入れ、ラップをかけて、電子レンジで2分加熱する。

2 Aをバットに入れて混ぜ合わせ、1を加え、かつおぶしをふる。

 point

みりんのアルコールが気になる方は、電子レンジで煮きってください。

ヘルシー系

こども 日持ち

ホタテのうまみを余すところなく
なめこと豆腐のレンジ蒸し

材料 作りやすい量

なめこ…1袋(100g)
絹ごし豆腐…1丁(300g)
ホタテ缶…1缶
塩…小さじ1/2
片栗粉…小さじ1
A|ごま油・しょうゆ…各小さじ1

作り方

1 耐熱容器に豆腐を入れ、へらで押しつぶし、ホタテの身をちらす。

2 缶詰の汁に塩、片栗粉を入れて混ぜ、1にまわし入れ、ラップをかけて電子レンジで3分加熱する。

3 2を取り出して、なめこ、Aを加え、さらに2分加熱する。

なめこのとろみが絶品。
汁ものの代わりにも重宝します。

 さんしょうがピリリと食欲を刺激します
じゃこさんしょうキャベツ

材料 作りやすい量

キャベツ…1/4個(250g)
粉ざんしょう…適宜
A ┃ちりめんじゃこ…大さじ3(15g)
　┃塩…小さじ1/2
　┃サラダ油…小さじ2

作り方

1 キャベツは千切りにする。

2 1、Aをポリ袋に入れて軽くもみ混ぜる。器に盛り、粉ざんしょうをふる。

point
キャベツは太めの千切りにして、
軽く電子レンジで加熱しても。

かんたん

甘酢とトマトの相性が抜群

がりトマト

ヘルシー系

| 材料 | 作りやすい量

トマト…2個
甘酢漬けしょうが…20g
A ┃ 甘酢漬けしょうがの汁…大さじ1
　┃ オリーブオイル…大さじ1
　┃ 塩…少々

| 作り方 |

1 トマトは6等分のくし形切りにする。

2 ボウルにAを入れて混ぜ合わせ、1、甘酢漬けしょうがを加えて和える。

point

シンプルで簡単にできる和風マリネです。

 黄色い粉がオクラにかけた魔法
焼きオクラカレー風味

[材料] 作りやすい量

オクラ…10本
ささみ…2本
塩…少々
A | めんつゆ（3倍濃縮）・水
　　…各大さじ1
　　カレー粉…小さじ1/2
サラダ油…小さじ2

point
みんなの好きなカレー味、
ささみも柔らかくて食べやすいです。

[作り方]

1 オクラはがくの部分を包丁でぐるりとむく。バットにAを入れて混ぜ合わせる。ささみに塩をふる。

2 フライパンにサラダ油を熱し、ささみを入れ、ふたをして3分焼く。ささみを裏返したら、オクラを入れ、さらにふたをして2分焼く。途中でオクラを1度裏返す。

3 焼きあがったオクラと、箸でほぐしたささみをAに入れてからめる。

[日持ち]

梅と豆腐であっさりした仕上がりに

春菊の梅白和え

ヘルシー系

材料 作りやすい量

春菊…1束(200g)
絹ごし豆腐…1/2丁(150g)
A｜梅肉…小さじ2
　｜塩…小さじ1/2
　｜オリーブオイル・白すりごま
　｜…各大さじ1

作り方

1 春菊は葉先をつみ、茎は斜め薄切りにする。

2 ボウルに豆腐、Aを入れて、泡立て器などで豆腐をつぶすように混ぜ合わせる。

3 1と2を和える。

生の春菊は柔らかく、
豆腐の和え衣とよく合います。

かんたん

見た目からは想像もつかないうまみ
ブロッコリー納豆ポン酢

|材料| 作りやすい量

ブロッコリー…1/2株(160g)
A ひきわり納豆・添付タレ…各1パック
ポン酢・オリーブオイル…各小さじ1

|作り方|

1 ブロッコリーは小房に分け、茎は厚めに皮をむいて角切りにする。ぬらしてしぼったペーパータオルをかけ、ラップに包んで電子レンジで2分加熱する。

2 1を器に盛り、Aを混ぜ合わせてかける。

ブロッコリーにひきわり納豆がからみます。
ともに栄養たっぷりの組み合わせ。

あっという間におもてなしピクルスの完成

大根のレンジピクルス

ヘルシー系

| 材料 | 作りやすい量

大根…10cm（300g）
ハム…2枚
A ┃昆布茶…小さじ1
　┃水…大さじ2
　┃酢・砂糖…各大さじ1
　┃こしょう…少々

| 作り方

1. 大根は5mm厚さのいちょう切りにする。ハムは細かく切る。

2. 大根、Aを耐熱容器に入れ、ラップをかけて電子レンジで2分加熱し、ハムを加えて混ぜ合わせる。

粗熱がとれるまで5分ほど待つと食べごろ。

こども　日持ち

ディップ感覚で一緒にどうぞ
スナップエンドウと ふわふわはんぺん

材料 | 作りやすい量

スナップエンドウ…15個（130g）
はんぺん…1枚
A｜マヨネーズ…大さじ2
　｜粉チーズ…小さじ2

作り方

1. スナップエンドウはすじとヘタを取り、水にくぐらせてラップをかけ、電子レンジで1分30秒加熱する。

2. ポリ袋にはんぺんを入れてもみつぶし、Aを加えてさらにもみながら混ぜる。

3. 1と2を皿に盛り付ける。

point
レンジで簡単にスナップエンドウのシャキシャキと甘みを楽しめます。

こども　日持ち

コーンとごま油がこんなに合うなんて
コーンナムル

ヘルシー系

[材料] 作りやすい量

コーン缶…2缶(300g)
A ┃ しょうゆ・ごま油…各小さじ1
 ┃ 砂糖…小さじ1/2
 ┃ 塩…ひとつまみ
 ┃ おろしにんにく…少々
 ┃ 白すりごま…小さじ2

[作り方]

1 Aをボウルに入れて混ぜ合わせ、水けをきったコーンを加えて混ぜ合わせる。

point

コーンはフライパンでこんがり炒めてもおいしい。

[かんたん] [こども] [日持ち]

 海の恵みをたっぷりといただきましょう
あさりひじき

材料 作りやすい量

乾燥芽ひじき…1袋(25g)
あさり缶…1缶(130g)
しょうが(千切り)…3枚
A | 水…100ml(1/2カップ)
　 | しょうゆ・砂糖…各小さじ2

作り方

1 ひじきはさっと水洗いする。しょうがは千切りにする。あさりは身と缶汁を分ける。

2 耐熱容器にひじき、A、缶汁を入れて混ぜ合わせ、ふんわりとラップをかけて電子レンジで5分加熱する。

3 2とあさりの身を混ぜ合わせる。

point

あさりの缶汁がいいだしとなります。

こども 日持ち

ヘルシー系

誰からも愛される優しい味わい
にんじんのマーマレードラペ

|材料| 作りやすい量

にんじん…1本(200g)
A ┃ マーマレードジャム…大さじ1
  ┃ 酢…小さじ1
  ┃ 塩…小さじ1/2
  ┃ こしょう…少々

|作り方|

1 にんじんは千切りにする。

2 ポリ袋にAを入れて混ぜ合わせ、1を加えてしんなりするまでもみ混ぜる。

point

日持ちするので、大量に作れば家でもお弁当でも楽しめます。

かんたん こども 日持ち

わさびの辛さとふわふわ長いものコントラスト

長いもの塩わさびたたき

材料 作りやすい量

長いも…10cm（250g）
ベーコン…2枚
塩…小さじ1/2
わさび…小さじ1

作り方

1 長いもはピーラーで皮をむき、ポリ袋に入れてめん棒などで細かくたたき、塩、わさびを入れ、もみ混ぜる。

2 ベーコンは細切りにする。耐熱皿にペーパータオルを敷き、なるべく重ならないようにのせ、電子レンジで3分加熱する。

3 1を器に盛り、2をのせる。

point

長いもはかたまりを残してたたくと、歯応えが楽しめます。

油とにんにくでぜいたくな味わいに
オイル蒸し小松菜

ヘルシー系

[材料] 作りやすい量

小松菜…1束
にんにく…1片
こしょう…少々
A | 水…大さじ1
　 | 塩…小さじ1/2
オリーブオイル…小さじ2

[作り方]

1. 小松菜は根元を切り落として茎と葉に分け、5〜6cm長さに切る。にんにくは半分に切って包丁の腹でつぶす。

2. フライパンにオリーブオイル、にんにくを入れて火にかけ、香りが立ったら小松菜、Aを入れ、ふたをして中火で2分蒸す。

3. こしょうをふって混ぜ合わせ火を止める。

point

オイルで色鮮やかな仕上がりになります。

かんたん　日持ち

レンジで蒸してみずみずしい仕上がりに
ズッキーニの昆布茶蒸し

[材料] 作りやすい量

ズッキーニ…1本(180g)
ソーセージ…3本
A ｜ 昆布茶・サラダ油…各小さじ1
　｜ 水…小さじ2
　｜ しょうゆ・こしょう…各少々

[作り方]

1 ズッキーニは縦半分に切って、斜め1cm幅に切る。ソーセージは斜めに3等分に切る。

2 Aを耐熱容器に入れて混ぜ合わせ、1を加えて混ぜ、ラップをかけて電子レンジで2分加熱する。

point

ソーセージと昆布茶でうまみたっぷり。
昆布茶の代わりに、鶏がらスープの素でも。

電子レンジで時短&さっぱり

さつまいも
レモンヨーグルト和え

ヘルシー系

| 材料 | 作りやすい量

さつまいも…小1本(200g)
塩…ひとつまみ
こしょう…少々
レモン(半月切り)…4枚
A│ヨーグルト・マヨネーズ
　│…各大さじ2

| 作り方 |

1. さつまいもは8mm厚さの半月切りにして耐熱皿に入れ、ぬらしてしぼったペーパータオルをかけ、その上にラップをかける。

2. 1を電子レンジで5分加熱し、塩、こしょうを入れて混ぜ、粗熱をとる。

3. 2にA、レモンを加えて混ぜ合わせる。

おやつにもなる、爽やかな甘さ。

こども　日持ち

豆苗の食感を楽しんでください
豆苗マヨポン酢

材料 作りやすい量

豆苗…1袋
カニ風味かまぼこ…3本
A│マヨネーズ…大さじ1
　│ポン酢…小さじ1

作り方

1 豆苗は根元を切り、カニ風味かまぼこはほぐす。

2 1を耐熱容器に入れ、ラップをかけて電子レンジで30秒加熱する。

3 2にAを加えて混ぜ合わせる。

 point

食卓に緑が一品欲しい時に便利です。

かんたん　こども

ザーサイで食感と風味をプラス

パプリカのしょうがマリネ

ヘルシー系

| 材料 | 作りやすい量

赤・黄パプリカ…各1/2個
味付きザーサイ…15g
塩…ひとつまみ
A｜おろししょうが…小さじ1
　｜ポン酢・オリーブオイル…各大さじ1

| 作り方

1. パプリカ、ザーサイは細切りにする。ザーサイとAは混ぜ合わせておく。

2. 耐熱容器にパプリカを入れて塩をふり、ラップをかけて電子レンジで2分加熱する。

3. 2にザーサイとAを加えて混ぜ合わせる。

point

加熱時間を長くして、
柔らかくしてもおいしい。

かんたん　日持ち

箸休めに最適な一品
切り干し大根のはりはり漬け

[材料] 作りやすい量

切り干し大根…40g(1袋)
しそ…4枚
A │ しょうゆ・砂糖・酢…各小さじ2
　│ だし…大さじ4
　│ 塩…少々

[作り方]

1 切り干し大根は、2回水を替えてもみ洗いする。水けを軽くしぼり、耐熱容器に入れてAを加えて混ぜ、ラップをかけて電子レンジで1分加熱する。

2 粗熱が取れたら、しそをちぎって混ぜる。

◯ point △

赤唐辛子を加えると、
ピリッと辛い大人風味に。

[日持ち]

クセが強いのに止まらない

Part 6
やみつき系

" こどもにはわからないこの香り。
いつの頃から好きになったか、
大人の階段上ったか。
パクチーだって立派なおかず。
クセのある食材で作るやみつきレシピたち。"

ハチミツでより食べやすくなります
ハチミツそぼろパクチー

[材料] 作りやすい量

パクチー…1束
豚ひき肉…100g
A ┃ 豆板醤…少々
　┃ ナンプラー…小さじ2
　┃ ハチミツ・レモン汁
　┃ …各小さじ1
サラダ油…小さじ1

[作り方]

1 パクチーはざく切りにする。

2 フライパンにサラダ油を熱し、豚ひき肉をこんがりするまで炒める。

3 2にAを加えて炒め、パクチーにかける。

▸ point ◂

ひき肉は大きめのかたまりがあるくらいが食べ応えがありおいしい。

ごま油の風味が大きなポイント

白菜の甘酢漬け

材料 作りやすい量

白菜…1/4株(250g)
しょうが(千切り)…少々
塩…小さじ1
A
- 酢…大さじ4
- 塩…小さじ1/2
- 砂糖…大さじ2
- 赤唐辛子(輪切り)…適宜
- ごま油…大さじ1

作り方

1 白菜は芯と葉に分け、芯は5cm長さに切り、さらに繊維に沿って1cm幅に切る。葉はざく切りにする。

2 1をポリ袋に入れ、しょうが、塩を加えてしんなりするまでもむ。

3 2を袋から取り出し、水けをしぼったら、Aを加えて混ぜる。

point

ごま油大さじ1(分量外)を薄く煙が出るまで熱して、最後にかけるとより香りが立ちます。

レモンを入れておしゃれな味わいに

かぼちゃのレモンクリーム和え

材料 作りやすい量

かぼちゃ…1/4個（200g）
A ┃ 生クリーム…50ml（1/4カップ）
　 ┃ レモン汁…小さじ1
　 ┃ 塩…ふたつまみ

作り方

1 かぼちゃは一口大に切って耐熱容器に入れ、ラップをふんわりかけて電子レンジで5分加熱する。

2 1にAを加えて混ぜ合わせる。

point

軽いレモンクリームとかぼちゃの甘さがいいバランス。

こども 日持ち

やみつき系

豆板醤を入れたピリ辛ダレが画期的なおいしさ

クレソンうま辛サラダ

材料 作りやすい量

クレソン…2束(100g)
ちくわ…2本
A
| しょうゆ…小さじ2
| 酢・すりごま…各小さじ1
| 豆板醤…少々
| おろしにんにく…小さじ1/4
| ごま油…小さじ2

作り方

1 クレソンは葉先をつみ、茎は5cm長さに切る。ちくわは斜め薄切りにする。

2 ボウルでAを混ぜ合わせ、1を入れて和える。

point

ほろ苦いクレソンとにんにく、ごまのコクで後引くおいしさ。

かんたん 107

 冷蔵庫に眠るらっきょうを上手に活用

ゴーヤの甘酢炒め

材料 作りやすい量

ゴーヤ…1本（250g）
甘酢漬けらっきょう（小粒）…10粒
A｜みそ・みりん…大さじ2
　｜甘酢漬けの汁…大さじ2
　｜しょうゆ…小さじ1
サラダ油…小さじ2

作り方

1 ゴーヤは縦半分に切り、種とわたをとって7mm幅の斜め切りにする。Aは混ぜ合わせる。

2 フライパンにサラダ油を熱してゴーヤを1分炒め、A、らっきょうを加えて炒め合わせる。

point

ゴーヤの苦みが気になる時は、薄く切って、砂糖ふたつまみ、塩ひとつまみをあらかじめまぶしておく。

日持ち

ラー油の赤さが食欲をそそります
ピリ辛もやし

やみつき系

[材料] 作りやすい量

もやし…1袋
カニ風味かまぼこ…4本
すし酢…大さじ1
具入りラー油…大さじ1

[作り方]

1 もやしは目立つひげ根を取りのぞいて耐熱容器に入れ、ラップをかけて電子レンジで2分30秒加熱する。

2 1を取り出し、ほぐしたカニ風味かまぼこ、すし酢、ラー油を加えて混ぜ合わせる。

point

加熱後にもやしから水けが出たら捨てる。
ラー油は辛さによって加減してください。

かんたん 日持ち

酸味とナッツの食感でどんどん食べられます
キャベツのマヨナッツソース

| 材料 | 作りやすい量

キャベツ…1/4個(250g)
甘酢漬けらっきょう(小粒)…5粒
ミックスナッツ…40g
A│マヨネーズ…大さじ3
　│牛乳…大さじ1

| 作り方

1 キャベツは葉と芯に切り分け、葉は一口大に切り、芯は薄切りにして耐熱容器に入れ、ラップをかけ電子レンジで3分加熱する。

2 らっきょうは粗みじん切り、ミックスナッツは軽く砕いてボウルに入れ、Aと混ぜ合わせる。1を加えてさらに和える。

point
牛乳の代わりにらっきょうの汁を使ってもおいしくできます。

日持ち

ごま油でセロリの風味がさらに豊かに
中華風セロリ

やみつき系

|材料| 作りやすい量

セロリ…2本(180g)
おつまみピーナツ…30g
A | 塩・酢…各小さじ1
　 | ごま油…小さじ2
　 | 豆板醤…小さじ1/2

|作り方|

1 セロリの茎はすじを取って斜め薄切りにし、葉はざく切りにしてポリ袋に入れ、Aを加えてもみ混ぜる。

2 ピーナツを軽く砕いて1に加える。

> point

セロリとピーナツ、歯応えの良い組み合わせ。
かみ応えは満腹感につながります。

かんたん 日持ち

 クセのあるだしがジュワ〜と香ります
なすのアジアンびたし

[材料] 作りやすい量

なす…3本（300g）
A
- ナンプラー・レモン汁…各大さじ1
- 砂糖…小さじ2
- サラダ油…小さじ1
- 赤唐辛子（輪切り）…少々

[作り方]

1. なすは皮をむいて水にくぐらせ、1本ずつふんわりラップに包み、電子レンジで3分加熱する。

2. ボウルにAを入れて混ぜ合わせ、1を加えてからめる。

point
なすの太い部分を箸でつまんで、柔らかくなっていれば加熱完了。

[かんたん] [日持ち]

やみつき系

ひき肉を入れることで食べ応えアップ
エスニック風切り干し大根

[材料] 作りやすい量

切り干し大根…40g(1袋)
豚ひき肉…100g
おろしにんにく…少々
A | レモン汁・ナンプラー…各小さじ2
　| 砂糖…小さじ1
　| 赤唐辛子(輪切り)…適宜
サラダ油…小さじ1

point

切り干し大根はたっぷりの水でもみ洗いすることで、風味が良くなります。
パクチーをのせてもおいしいです。

[作り方]

1. 切り干し大根は、2回水を替えてもみ洗いして、水けを軽くしぼって耐熱容器に入れ、ラップをかけて電子レンジで1分加熱する。

2. フライパンにサラダ油を熱し、豚ひき肉、にんにくを入れ、ぽろぽろになるまで炒めてAを加えて混ぜ合わせる。

3. 火を止めて1を加えて和える。

日持ち

しいたけ料理の新定番誕生!
ガリパンしいたけ

[材料] 作りやすい量

しいたけ…6枚
にんにく(みじん切り)…小さじ1(1/2片)
ドライパセリ…適宜
パン粉…1/2カップ
塩…小さじ1/2
こしょう…少々
オリーブオイル…大さじ2

[作り方]

1. しいたけはかさと軸に分け、かさは4等分に、軸は石づきを取って、薄切りにする。

2. フライパンにオリーブオイル、にんにくを入れて火にかけ、香りが立ったら、パセリ、パン粉を加え、パン粉が薄く色づくまで炒める。

3. 1を入れてパン粉をからめるように3分炒め、塩・こしょうをふって炒め合わせる。

パセリはバジル、タイムでも代用可。

やみつき系

ピーナツバターのコクとナッツの食感を
チンゲン菜のガドガドソース

材料 作りやすい量

チンゲン菜…2株
A
- ピーナツバター（粒入りタイプ）…大さじ2
- しょうゆ・水…各大さじ1
- 鶏がらスープの素…小さじ1
- 酢・砂糖…各小さじ1
- おろしにんにく…少々

作り方

1. チンゲン菜は葉を1枚ずつはがし、3cm長さに切って耐熱皿に入れ、ラップをかけて電子レンジで3分加熱する。
2. Aを混ぜ合わせて1にかける。

point
ピーナツバターに水を一気に加えると分離しやすいので、少しずつ。

ナンプラー香るエスニック前菜
タイ風コーン

材料 作りやすい量

コーン缶…2缶
A｜ナンプラー…小さじ2
　｜砂糖・豆板醤…各小さじ1/2
　｜おろしにんにく…少々
　｜レモン汁…小さじ1

作り方

1 コーンは汁けをきって耐熱容器に入れ、Aと混ぜ合わせて電子レンジで1分加熱する。あればパクチーをのせる。

point

レモン汁を入れることで、ナンプラーが苦手な方でもおいしくいただけます。

決め手はしそとヨーグルトの酸味ソース
カリフラワーのヨーグルト和え

[材料] 作りやすい量

カリフラワー…小1株（400g）
A ┃ プレーンヨーグルト…100g
　┃ マヨネーズ…小さじ2
　┃ しそのふりかけ…小さじ1

[作り方]

1 カリフラワーは小房に分けてラップに包み、電子レンジで4分加熱する。

2 ボウルにAを入れて混ぜ合わせ、1を加えて和える。

◯ point ▲

ヨーグルトは1〜2時間水きりしてから使うとよりおいしくなります。
Aは混ぜ合わせて少しおくとピンク色に。

[日持ち]

春菊の香り立つ一品
のり塩春菊

やみつき系

[材料] 作りやすい量

春菊…1束(200g)
焼きのり…おにぎり用2枚(全形2/3枚)
A｜塩・酢・おろしにんにく…各小さじ1/2
　｜ごま油…大さじ2

[作り方]

1 春菊は葉先をつみ、茎は斜め薄切りにする。

2 ボウルにAを入れて混ぜ合わせ、1、ちぎったのりを加えて和える。

> point

春菊は、肌のトラブル(シミ、ソバカス)、貧血、便秘に効果的な優秀食材。

かんたん 119

カレー風味のカリカリ食感に夢中
ゆで大豆のスパイスロースト

材料 作りやすい量

水煮大豆…1袋(155g)
A | カレー粉・しょうゆ…各小さじ1/2
　| 塩…ふたつまみ
　| 砂糖…ひとつまみ
オリーブオイル…小さじ2

作り方

1. 大豆は水けをきってポリ袋に入れ、Aを加えてまぶす。
2. オーブントースターは2分予熱し、天板にホイルを敷いて1をのせ、オリーブオイルをかけて5分焼く。粗熱がとれるまで中においておく。

point

余熱でカリッと仕上がります。

日持ち

 辛さとみずみずしさを楽しむ
キムチ風ズッキーニ

やみつき系

| 材料 | 作りやすい量

ズッキーニ…1本(180g)
塩…ひとつまみ
辛子明太子…1腹(50g)
A
- しょうゆ…小さじ1/2
- ごま油…小さじ2
- おろしにんにく…小さじ1/2
- 長ねぎ(粗みじん切り)…3cm

| 作り方

1 ズッキーニは薄い輪切りにしてポリ袋に入れ、塩を加えて軽くもむ。

2 辛子明太子はスプーンで中身をかき出し、水けをしぼった1に加える。さらに、Aも加えて軽くもみ混ぜる。

point
歯応えが良く、つまみにも、
ごはんにもよく合います。

日持ち

epilogue

使う器はひとつだけの、
電子レンジでかんたんにできる
レシピがたくさんあります。

こどもたちに留守番をお願いする日のおかずに便利な、
冷たくてもおいしいおかずもあります。

電子レンジですぐにできるレシピなら、
遅く帰ってくる家族にも
熱々のおかずとして出してあげられます。

もちろん、食べる人に仕上げをお任せしても、
調理時間は5分以内!
手間もかかりません。

あなたの大事な家族に、野菜たっぷりの
「無限」で「安心」なおかずを作ってあげてください。

index

野菜・果物

- アスパラガス
  P14:アスパラガスのバター炒め
  P83:アスパラガスのおひたし
- アルファルファ
  P71:アルファルファのごま和え
  P73:ごまウスターアルファルファ
- いんげん
  P18:いんげんとさつま揚げの
     酢みそ和え
  P70:みそケチャいんげん
- オクラ
  P29:だし風オクラ
  P88:焼きオクラカレー風味
- かぶ
  P30:かぶの油淋ソース
  P51:スモークサーモンかぶマリネ
- かぼちゃ
  P35:かぼちゃのココナツカレー
  P106:かぼちゃのレモンクリーム和え
- カリフラワー
  P52:クリームチーズカリフラワー
  P118:カリフラワーの
     ヨーグルト和え
- キャベツ
  P86:じゃこさんしょうキャベツ
  P110:キャベツのマヨナッツソース
- きゅうり
  P37:バンバンきゅうり
  P68-69:きゅうりの梅炒め
- クレソン
  P56-57:クレソンわさび和え

- P107:クレソンうま辛サラダ
- ゴーヤ
  P20:ゴーヤの塩昆布和え
  P108:ゴーヤの甘酢炒め
- ごぼう
  P22:パリッとごぼう
  P45:コチュマヨごぼう
- 小松菜
  P13:豚バラ小松菜
  P97:オイル蒸し小松菜
- さつまいも
  P12:ハチミツきんぴら
  P99:さつまいも
     レモンヨーグルト和え
- ししとう
  P62:ししとうとカリカリ油揚げ
  P72:ししとうの焼きびたし
- じゃがいも
  P9:青のりポテサラ
  P80:じゃがいものシャキシャキ
     梅サラダ
- 春菊
  P89:春菊の梅白和え
  P119:のり塩春菊
- ズッキーニ
  P98:ズッキーニの昆布茶蒸し
  P121:キムチ風ズッキーニ
- スナップエンドウ
  P42:みそラー油スナップエンドウ
  P92:スナップエンドウと
     ふわふわはんぺん
- セロリ
  P82:レモンなますセロリ

P111:中華風セロリ

●大根
P46:韓国風焼き大根
P91:大根のレンジピクルス

●玉ねぎ
P31:玉ねぎマヨカレー
P54:たらこ南蛮

●チンゲン菜
P78:担々チンゲン菜
P116:チンゲン菜の
　　　　ガドガドソース

●豆苗
P47:豆苗ごまチーズ
P100:豆苗マヨポン酢

●トマト・ミニトマト
P48-49:えびトマト
P87:がりトマト

●長いも
P61:長いものおかかバター焼き
P96:長いもの塩わさびたたき

●長ねぎ
P19:ねぎダレブロッコリー
P30:かぶの油淋ソース
P81:ヤンニョムほうれん草

●なす
P15:なすのオランダ煮
P112:なすのアジアンびたし

●にら
P34:にらしょうがナムル
P53:にら薬味みそ

●にんじん
P10-11:にんじんしりしり風
P95:にんじんのマーマレードラペ

●白菜
P41:タコ白菜
P105:白菜の甘酢漬け

●パクチー
P44:塩辛パクチー
P104:ハチミツそぼろパクチー

●パプリカ
P28:鶏バジルパプリカ
P101:パプリカのしょうがマリネ

●万能ねぎ
P32-33:しめじコンビーフ
P65:めんつゆもやし

●ピーマン
P8:無限ピーマン
P40:甘辛ピーマン
P64:塩バターピーマン

●ブロッコリー
P19:ねぎダレブロッコリー
P90:ブロッコリー納豆ポン酢

●ほうれん草
P16:おかかバターほうれん草
P81:ヤンニョムほうれん草

●水菜
P67:水菜ぽりぽりたくわん
P74-75:シャキシャキ水菜炒め

●三つ葉
P25:鮭三つ葉
P59:韓国風三つ葉

●もやし
P65:めんつゆもやし
P109:ピリ辛もやし

●レタス
P21:卵たっぷりタルタル

index

P50:マスタードレタス
- レモン
P51:スモークサーモンかぶマリネ
P82:レモンなますセロリ
P99:さつまいも
　　レモンヨーグルト和え
- れんこん
P17:れんこん黒酢あん
P38:れんこんアラビアータ

肉類

- ささみ
P71:アルファルファのごま和え
P88:焼きオクラカレー風味
- 豚小間切れ肉
P78:担々チンゲン菜
- 豚バラ肉
P13:豚バラ小松菜
P68-69:きゅうりの梅炒め
- 豚ひき肉
P26:麻婆しめじ
P104:ハチミツそぼろパクチー
P113:エスニック風切り干し大根
- 焼鳥缶詰
P28:鶏バジルパプリカ
P40:甘辛ピーマン

魚介類

- スモークサーモン
P51:スモークサーモンかぶマリネ
- ゆでダコ
P41:タコ白菜

きのこ類

- えのき
P24:ハッシュドえのき
P43:ゆずこしょうえのき
- しいたけ
P55:しいたけアヒージョ
P114-115:ガリバンしいたけ
- しめじ
P26:麻婆しめじ
P32-33:しめじコンビーフ
- なめこ
P27:ネバネバなめこめかぶ
P84-85:なめこと豆腐の
　　レンジ蒸し

海藻類

- あさり缶
P94:あさりひじき
- ひじき
P60:ひじきとうずらの
　　アーリオオーリオ
P94:あさりひじき
- めかぶ
P27:ネバネバなめこめかぶ
- わかめ
P66:わかめナムル
P76:わかめの梅和え

卵・大豆製品

- 厚揚げ
P53:にら薬味みそ

- ●油揚げ
  P62:ししとうとカリカリ油揚げ
- ●絹ごし豆腐
  P84-85:なめこと豆腐のレンジ蒸し
  P89:春菊の梅白和え
- ●卵
  P10-11:にんじんしりしり風
- ●水煮大豆
  P77:甘辛大豆
  P120:ゆで大豆の
  　　　スパイスロースト

乳製品

- ●カッテージチーズ
  P47:豆苗ごまチーズ
- ●クリームチーズ
  P52:クリームチーズカリフラワー

その他加工品

- ●うずら卵の水煮
  P60:ひじきとうずらの
  　　　アーリオオーリオ
- ●カニ風味かまぼこ
  P100:豆苗マヨポン酢
  P104:ピリ辛もやし
- ●辛子明太子
  P121:キムチ風ズッキーニ
- ●切り干し大根
  P102:切り干し大根のはりはり漬け
  P113:エスニック風切り干し大根

- ●コーン缶
  P93:コーンナムル
  P117:タイ風コーン
- ●さつま揚げ
  P18:いんげんとさつま揚げの
  　　　酢みそ和え
- ●ソーセージ
  P98:ズッキーニの昆布茶蒸し
- ●たくわん
  P67:水菜ぽりぽりたくわん
- ●たけのこの水煮
  P36:ルーローハン風たけのこ
  P58:ごまみそバターたけのこ
- ●たらこ
  P54:たらこ南蛮
- ●ちくわ
  P65:めんつゆもやし
  P107:クレソンうま辛サラダ
- ●ツナ缶
  P8:無限ピーマン
  P10-11:にんじんしりしり風
- ●トマト缶
  P38:れんこんアラビアータ
- ●ハム
  P91:大根のレンジピクルス
- ●ベーコン
  P38:れんこんアラビアータ
  P96:長いもの塩わさびたたき
- ●はんぺん
  P56-57:クレソンわさび和え
  P92:スナップエンドウと
  　　　ふわふわはんぺん

おおともいくみ
大友育美

高知県生まれ。自然食レストランで調理の仕事を経て、現在はフードコーディネーターとしてNHKをはじめとするTV、書籍、雑誌、web、広告などで幅広く活躍中。家にある食材で手早く作れる、体に優しい料理が好評。国立北京中医薬大学日本校で国際中医薬膳師の資格を取得。著書に『おくすり味噌汁114』『おくすり常備菜130』『おくすり飯114』(すべて小社刊)。

無限レシピ

著者　大友育美

2017年4月21日　初版発行
2017年7月1日　　2版発行
発行者　横内正昭
編集人　青柳有紀
発行所　株式会社ワニブックス
　　　　〒150-8482
　　　　東京都渋谷区恵比寿4-4-9　えびす大黒ビル
　　　　電話　03-5449-2711(代表)
　　　　　　　03-5449-2716(編集部)
　　　　ワニブックスHP　http://www.wani.co.jp/
　　　　WANI BOOKOUT　http://www.wanibookout.com/
印刷所　大日本印刷株式会社
DTP　　有限会社Sun Creative
製本所　ナショナル製本

定価はカバーに表示してあります。
落丁本・乱丁本は小社管理部宛にお送りください。送料は小社負担にてお取替えいたします。
ただし、古書店等で購入したものに関してはお取替えできません。
本書の一部、または全部を無断で複写・複製・転載・公衆送信することは
法律で認められた範囲を除いて禁じられています。

ⓒ大友育美2017
ISBN978-4-8470-9562-7

Staff

撮影　　　三好宣弘
　　　　　澤木央子(著者写真)
装丁　　　関根僚子
編集協力　キンマサタカ(パンダ舎)
料理補助　友部理子　水嶋千恵
校正　　　麦秋新社
編集　　　小島一平(ワニブックス)